Elefanten Som Inte Kunde Sluta Nysa: Tvåspråkiga Berättelser på Engelska och Svenska

My Pommeline

Published by My Pommeline, 2024.

ELEFANTEN SOM INTE KUNDE SLUTA NYSA: TVÅSPRÅKIGA BERÄTTELSER PÅ ENGELSKA OCH SVENSKA

First edition. October 14, 2024.

ISBN: 979-8227222787

Written by My Pommeline.

Table of Contents

The Boy Who Wanted to Fly

Once upon a time, there was a boy named Timmy. Timmy was no ordinary boy—he had a dream. Not just any dream, but a dream as big as the sky. Timmy wanted to fly like a bird, soaring high above the clouds, free as the wind. Every night before bed, he'd close his eyes and imagine himself floating through the air, wings spread wide.

One day, Timmy decided it was time to make his dream come true. "If birds can fly, why can't I?" he thought. With a spark of inspiration, he grabbed all the balloons he could find from his last birthday party. He tied them to his chair and sat down, waiting for the lift-off.

"Here I go!" Timmy shouted excitedly. But nothing happened. Not even a wobble.

"Hmm, maybe I need more balloons," he said. He ran to the store, bought even more balloons, and tied them to his chair. This time, he could feel himself getting lighter. The chair began to wobble, and for a moment, Timmy thought he was about to take off.

Suddenly, there was a loud POP! The balloons started bursting one by one, sending Timmy back down with a thud. His neighbors peeked out their windows, shaking their heads and laughing at the sight.

But Timmy was determined. "Balloons aren't enough. I need something stronger!" He thought for a moment, then ran inside to find the biggest kite he could. He tied it around his waist and sprinted down the street. The wind picked up the kite, and for a brief moment, Timmy felt his feet leave the ground.

"I'm flying!" Timmy yelled.

But then, the kite caught a gust of wind and whoosh—Timmy was sent tumbling into a tree. Leaves and twigs tangled in his hair as he hung upside down from a branch.

As Timmy dangled there, staring at the sky, he realized something important. Flying like a bird was amazing, but maybe being on the ground wasn't so bad after all. He climbed down, brushed the leaves off, and smiled to himself.

From that day on, Timmy still dreamed of flying, but he also learned to appreciate the adventures he could have with his feet on the ground.

Pojken som ville flyga

Det var en gång en pojke som hette Timmy. Timmy var ingen vanlig pojke – han hade en dröm. Inte vilken dröm som helst, utan en dröm så stor som himlen. Timmy ville flyga som en fågel, sväva högt över molnen, fri som vinden. Varje kväll innan han somnade, slöt han ögonen och föreställde sig själv sväva genom luften med vingarna utbredda.

En dag bestämde sig Timmy för att det var dags att förverkliga sin dröm. "Om fåglar kan flyga, varför kan inte jag?" tänkte han. Med en gnista av inspiration tog han alla ballonger han kunde hitta från sitt senaste födelsedagskalas. Han knöt dem till sin stol och satte sig ner, väntade på att lyfta.

"Nu kör vi!" ropade Timmy exalterat. Men ingenting hände. Inte ens en liten rörelse.

"Hmm, jag behöver nog fler ballonger," sa han. Han sprang till affären, köpte ännu fler ballonger och knöt dem till sin stol. Den här gången kände han sig bli lättare. Stolen började gunga, och för ett ögonblick trodde Timmy att han skulle lyfta.

Plötsligt hördes ett högt POP! Ballongerna började spricka en efter en, och Timmy föll tillbaka med en duns. Grannarna kikade ut genom fönstren, skakade på huvudet och skrattade åt synen.

Men Timmy var fast besluten. "Ballonger räcker inte. Jag behöver något starkare!" Han funderade ett ögonblick, sprang sedan in och letade fram den största draken han kunde hitta. Han knöt fast den runt midjan och rusade nerför gatan. Vinden tog tag i draken, och för ett ögonblick kände Timmy hur hans fötter lämnade marken.

"Jag flyger!" ropade Timmy.

Men sedan fångade draken en vindpust och swoosh—Timmy for rakt in i ett träd. Löv och kvistar fastnade i hans hår medan han hängde upp och ner från en gren.

När Timmy hängde där och stirrade upp mot himlen, insåg han något viktigt. Att flyga som en fågel var fantastiskt, men kanske var det inte så illa att vara på marken ändå. Han klättrade ner, borstade bort löven och log för sig själv.

Från och med den dagen drömde Timmy fortfarande om att flyga, men han lärde sig också att uppskatta de äventyr han kunde ha med fötterna på jorden.

The Cat Who Wanted to Be a Dog

Fluffy the cat was a little bit different from other cats. While most cats were content with sleeping in the sun or chasing mice, Fluffy had bigger dreams. He didn't want to be a regular cat—no, he wanted to be a dog.

One day, while watching the neighbor's dog, Rufus, happily running after a ball, Fluffy got an idea. "Dogs have all the fun," he thought. "They get to run, play, and bark. I want to be a dog too!"

That evening, Fluffy stood in front of the mirror and practiced his best bark. "Woof, woof!" he said, but it came out more like "Meowf, meowf." He tried again. "Woof, woof!" Still, it didn't sound right. But Fluffy wasn't discouraged. He was determined to become the best dog ever.

The next day, Fluffy saw Rufus chasing a ball in the yard. "I can do that too," he thought. So, Fluffy sprinted after the ball, pounced on it, and tried to carry it back to his owner. Unfortunately, the ball was bigger than his head, and he ended up tripping over it. His owner, Mrs. Thompson, watched in confusion as Fluffy rolled across the yard.

"What on earth are you doing, Fluffy?" she asked, scratching her head.

But Fluffy wasn't done yet. Later that afternoon, he spotted Rufus rolling in a puddle of mud. "That looks like fun!" Fluffy thought. He jumped into the mud, rolling around just like a dog. But when he tried to shake the mud off like Rufus, all he did was cover Mrs. Thompson in mud too.

"Fluffy!" she cried, laughing despite the mess. "Cats don't roll in the mud!"

Fluffy began to wonder if he'd ever be as good a dog as Rufus. He tried barking again, chasing more balls, and even wagging his tail (which was hard because he didn't have a dog's tail). But none of it felt right.

One evening, after another failed attempt at being a dog, Fluffy sat by the window and stared out into the night. He was tired. Maybe being a dog wasn't as easy as he thought. Just then, Rufus came over and sat beside him.

"You know, Fluffy," said Rufus with a wag of his tail, "being a dog is fun, but being a cat is pretty great too."

Fluffy looked at his paws, his soft fur, and his perfectly curled tail. He realized Rufus was right. Cats could do things dogs couldn't, like climbing trees, sneaking through tiny spaces, and purring on someone's lap.

From that day on, Fluffy stopped trying to be a dog. He returned to being the best cat he could be—chasing after sunbeams, climbing trees, and curling up on Mrs. Thompson's lap for a nap. And you know what? Fluffy had just as much fun being a cat as Rufus had being a dog.

Katten som ville bli en hund

Fluffy var en katt som var lite annorlunda än andra katter. Medan de flesta katter var nöjda med att sova i solen eller jaga möss, hade Fluffy större drömmar. Han ville inte vara en vanlig katt—nej, han ville bli en hund.

En dag, medan han tittade på grannens hund, Rufus, som glatt sprang efter en boll, fick Fluffy en idé. "Hundar har all roligt," tänkte han. "De får springa, leka och skälla. Jag vill också vara en hund!"

Den kvällen stod Fluffy framför spegeln och övade sitt bästa skall. "Vov, vov!" sa han, men det lät mer som "Mjov, mjov." Han försökte igen. "Vov, vov!" Det lät fortfarande inte rätt. Men Fluffy gav inte upp. Han var fast besluten att bli den bästa hunden någonsin.

Nästa dag såg Fluffy Rufus jaga en boll på gården. "Det där kan jag också göra," tänkte han. Så Fluffy sprang efter bollen, hoppade på den och försökte bära tillbaka den till sin ägare. Tyvärr var bollen större än hans huvud, och han snubblade över den. Hans ägare, fru Thompson, tittade förvirrat när Fluffy rullade över gården.

"Vad i all världen håller du på med, Fluffy?" frågade hon och kliade sig i huvudet.

Men Fluffy var inte klar än. Senare på eftermiddagen såg han Rufus rulla runt i en lerpöl. "Det där ser roligt ut!" tänkte Fluffy.

Han hoppade ner i leran och rullade runt precis som en hund. Men när han försökte skaka av sig leran som Rufus, råkade han täcka fru Thompson i lera också.

"Fluffy!" ropade hon, skrattande trots röran. "Katter rullar inte i lera!"

Fluffy började undra om han någonsin skulle bli en lika bra hund som Rufus. Han försökte skälla igen, jaga fler bollar och till och med vifta på svansen (vilket var svårt eftersom han inte hade någon hundsvans). Men inget kändes rätt.

En kväll, efter ännu ett misslyckat försök att vara en hund, satt Fluffy vid fönstret och tittade ut i natten. Han var trött. Kanske var det inte så lätt att vara en hund som han trott. Just då kom Rufus och satte sig bredvid honom.

"Du vet, Fluffy," sa Rufus med en viftning på svansen, "att vara hund är kul, men att vara katt är också ganska fantastiskt."

Fluffy tittade på sina tassar, sin mjuka päls och sin perfekt krullade svans. Han insåg att Rufus hade rätt. Katter kunde göra saker som hundar inte kunde, som att klättra i träd, smyga genom små utrymmen och spinna i någons knä.

Från och med den dagen slutade Fluffy försöka vara en hund. Han återvände till att vara den bästa katten han kunde vara—jaga solstrålar, klättra i träd och kura ihop sig i fru Thompsons knä för en tupplur. Och vet du vad? Fluffy hade minst lika roligt som katt som Rufus hade som hund.

The Girl Who Befriended a Ghost

Lucy was excited to move into her new house. It was old and a little bit spooky, but she loved it. The creaky stairs, the dusty corners, and the big attic filled with forgotten treasures made her imagination run wild. What she didn't expect was that someone—or something—already lived there.

One evening, while Lucy was exploring the attic, she heard a faint whisper. "Hello..." the voice said softly. Lucy spun around, but no one was there. She thought it must have been the wind. But then she heard it again, a little louder this time. "Hello, down here!"

Lucy looked down and saw a pale figure floating just above the ground. It was a ghost! But not a scary one—this ghost had a kind, round face and a big, friendly smile.

"My name is Bertie," said the ghost. "I've been living here for ages, and I've been so lonely. Will you be my friend?"

Lucy wasn't scared at all. In fact, she was thrilled. A ghost for a friend? How cool was that! "Of course, Bertie!" she said. "Let's be best friends."

From that day on, Lucy and Bertie became inseparable. They did everything together. Bertie showed Lucy how to float through walls, how to make objects move with just a flick of a ghostly finger, and even how to disappear and reappear in different rooms.

One day, they decided to have some fun with the neighbors. Bertie floated a newspaper across the street while Lucy giggled behind a bush. Mr. Thompson, the neighbor, nearly fell over when he saw the paper fly by itself!

"Who's there?" Mr. Thompson yelled, looking around. Lucy and Bertie laughed so hard they nearly gave themselves away.

But Bertie wasn't just about pranks. He was also a great listener. Whenever Lucy was feeling sad or lonely, Bertie would float by her side and listen to her worries. "Don't worry," Bertie would say, "you've got a ghost friend who's always here for you."

One rainy afternoon, when Lucy was feeling down about moving away from her old friends, Bertie had an idea. "Why don't we invite them over for a ghost party?" he suggested.

Lucy wasn't sure her old friends would believe in ghosts, but she loved the idea. So they planned a fun party with ghostly decorations, spooky games, and even some harmless tricks. When Lucy's friends arrived, they were amazed by the strange things happening in the house. Plates floated in mid-air, and lights flickered on and off by themselves. They didn't know that Bertie was behind it all, but they had a blast!

By the end of the day, Lucy felt happier than ever. She realized that having a ghost for a friend wasn't just fun—it also meant having someone who cared about her. Bertie, the friendly ghost had the kindest heart of all.

From then on, Lucy and Bertie continued their adventures, creating new memories and sharing the kind of friendship that only a girl and a ghost could have.

Flickan som blev vän med ett spöke

Lucy var överlycklig över att flytta in i sitt nya hus. Det var gammalt och lite kusligt, men hon älskade det. De knarrande trapporna, de dammiga hörnen och den stora vinden full av glömda skatter fick hennes fantasi att flöda. Vad hon inte förväntade sig var att någon—eller något—redan bodde där.

En kväll, när Lucy utforskade vinden, hörde hon en svag viskning. "Hej..." sa rösten mjukt. Lucy snurrade runt, men ingen var där. Hon tänkte att det måste ha varit vinden. Men så hörde hon det igen, lite högre den här gången. "Hej, här nere!"

Lucy tittade ner och såg en blek figur sväva precis ovanför marken. Det var ett spöke! Men inte ett skrämmande spöke—det har spöket hade ett snällt, runt ansikte och ett stort, vänligt leende.

"Mitt namn är Bertie," sa spöket. "Jag har bott här i evigheter och har varit så ensam. Vill du bli min vän?"

Lucy blev inte alls rädd. Faktum är att hon var överlycklig. Ett spöke som vän? Hur coolt var inte det! "Självklart, Bertie!" sa hon. "Vi ska bli bästa vänner."

Från den dagen blev Lucy och Bertie oskiljaktiga. De gjorde allt tillsammans. Bertie visade Lucy hur man svävar genom väggar, hur man får saker att röra sig med bara en liten vinkning av ett spökliknande finger, och till och med hur man kan försvinna och dyka upp i olika rum.

En dag bestämde de sig för att ha lite roligt med grannarna. Bertie lät en tidning sväva över gatan medan Lucy fnissade bakom en buske. Herr Thompson, grannen, höll nästan på att ramla när han såg tidningen flyga av sig själv!

"Vem är där?" ropade Herr Thompson och såg sig omkring. Lucy och Bertie skrattade så mycket att de nästan avslöjade sig.

Men Bertie handlade inte bara om bus. Han var också en fantastisk lyssnare. När Lucy kände sig ledsen eller ensam, svävade Bertie alltid vid hennes sida och lyssnade på hennes bekymmer. "Oroa dig inte," sa Bertie, "du har en spökvän som alltid är här för dig."

En regnig eftermiddag, när Lucy kände sig nere för att ha flyttat ifrån sina gamla vänner, fick Bertie en idé. "Varför bjuder vi inte in dem till en spökfest?" föreslog han.

Lucy var inte säker på att hennes gamla vänner skulle tro på spöken, men hon älskade idén. Så de planerade en rolig fest med spökliga dekorationer, kusliga lekar och till och med några oskyldiga bus. När Lucys vänner kom blev de förvånade över de konstiga sakerna som hände i huset. Tallrikar svävade i luften, och lampor blinkade av och på av sig själva. De visste inte att det var Bertie som låg bakom allt, men de hade jättekul!

I slutet av dagen kände sig Lucy gladare än någonsin. Hon insåg att det inte bara var roligt att ha ett spöke som vän—det betydde också att hon hade någon som brydde sig om henne. Bertie, det vänliga spöket, hade det snällaste hjärtat av alla.

Från den dagen fortsatte Lucy och Bertie sina äventyr, skapade nya minnen och delade en vänskap som bara en flicka och ett spöke kunde ha.

The Boy Who Couldn't Tell a Lie

Benny was a bit different from other kids. While most children could tell little fibs to get out of trouble or make things easier, Benny had a peculiar problem—he couldn't lie. Not even a tiny white lie. Every time he tried to say something untrue, his mouth would just freeze, and no words would come out.

At first, this seemed like a good thing. After all, everyone says it's good to be honest, right? But Benny quickly discovered that telling the truth all the time could land him in some pretty awkward situations.

One day, during art class, Benny's teacher Mrs. Hill asked the class, "What do you think of my new painting?"

Benny couldn't help but say exactly what he was thinking. "It looks like a big blob of mustard," he blurted out, his eyes wide in horror at his own words.

Mrs. Hill turned bright red, and the entire class burst into laughter. Benny didn't mean to be rude, but he just couldn't stop himself. No lie could escape his lips.

Another time, Benny's best friend Jack asked him, "Do you like my new haircut?"

Benny tried his hardest to think of something nice to say, but all that came out was, "It makes your head look like a lopsided potato."

Jack frowned, and Benny felt awful. He didn't want to hurt his friend's feelings, but telling the truth always got him into trouble.

Word quickly spread around school that Benny couldn't lie, and kids began asking him all sorts of questions just to see what he would say.

"Do you think I'm the fastest runner?" asked Tom, the school track star.

Benny replied, "No, actually, you're the second fastest. Jenny is quicker than you."

Tom looked stunned, and Benny's classmates giggled.

Every day seemed to bring a new awkward moment for Benny. He started to dread speaking, knowing that his blunt honesty could hurt someone's feelings at any time.

But one day, Benny's honesty turned out to be a good thing. At recess, he overheard some kids planning to pull a prank on their teacher by putting glue on her chair. Benny knew that if he told the truth, he could prevent the prank, even though it might make him unpopular.

Sure enough, when Mrs. Hill asked, "Does anyone know who put glue on my chair?" Benny couldn't keep quiet. "It was Jamie and Mark," he said, even though he knew they might get mad at him.

After the pranksters got caught, Jamie and Mark were furious. "Why'd you have to tell on us?" they shouted at Benny.

But Mrs. Hill stepped in. "Benny did the right thing by being honest," she said. "And because of him, I didn't sit in glue today."

Benny realized that while the truth could sometimes be hard, it was also powerful. He learned that honesty was a virtue, but he also discovered that it's important to be kind when speaking the truth. He practiced finding gentler ways to be honest, like telling Mrs. Hill, "I like the colors in your painting," instead of comparing it to mustard.

In the end, Benny found a balance. He stayed true to himself but learned that sometimes, it's not just about telling the truth—it's about telling the truth with kindness.

Pojken som inte kunde ljuga

Benny var lite annorlunda än andra barn. Medan de flesta barn kunde dra en liten lögn för att slippa undan problem eller göra saker enklare, hade Benny ett konstigt problem—han kunde inte ljuga. Inte ens en liten oskyldig lögn. Varje gång han försökte säga något som inte var sant, frös hans mun till, och inga ord kom ut.

Till en början verkade detta vara något bra. Alla säger ju att det är bra att vara ärlig, eller hur? Men Benny upptäckte snabbt att det alltid vara ärlig kunde sätta honom i ganska pinsamma situationer.

En dag, under bildlektionen, frågade Bennys lärare, fru Hill, klassen: "Vad tycker ni om min nya målning?"

Benny kunde inte låta bli att säga precis vad han tänkte. "Det ser ut som en stor klick senap," utbrast han, med ögon stora av skräck över sina egna ord.

Fru Hill blev knallröd, och hela klassen brast ut i skratt. Benny menade inte att vara oförskämd, men han kunde bara inte stoppa sig själv. Ingen lögn kunde fly hans läppar.

En annan gång frågade Bennys bästa vän Jack honom, "Tycker du om min nya frisyr?"

Benny försökte så gott han kunde att komma på något trevligt att säga, men det enda som kom ut var, "Den får ditt huvud att se ut som en sned potatis."

Jack såg besviken ut, och Benny kände sig hemsk. Han ville inte såra sin väns känslor, men sanningen ställde alltid till det för honom.

Rykten spreds snabbt i skolan om att Benny inte kunde ljuga, och barnen började ställa alla möjliga frågor bara för att se vad han skulle säga.

"Tycker du att jag är den snabbaste löparen?" frågade Tom, skolans löparstjärna.

Benny svarade, "Nej, faktiskt inte, du är den näst snabbaste. Jenny är snabbare än du."

Tom såg förvånad ut, och Bennys klasskamrater fnissade.

Varje dag tycktes föra med sig ett nytt pinsamt ögonblick för Benny. Han började frukta att prata, med vetskapen att hans raka ärlighet kunde såra någon när som helst.

Men en dag visade sig Bennys ärlighet vara en bra sak. Under rasten hörde han några barn som planerade att busa med läraren genom att sätta lim på hennes stol. Benny visste att om han berättade sanningen kunde han förhindra buset, även om det kanske skulle göra honom impopulär.

Och mycket riktigt, när fru Hill frågade, "Är det någon som vet vem som satte lim på min stol?" kunde Benny inte hålla tyst

"Det var Jamie och Mark," sa han, trots att han visste att de kanske skulle bli arga på honom.

Efter att busarna hade blivit avslöjade, var Jamie och Mark rasande. "Varför var du tvungen att skvallra?" skrek de åt Benny.

Men fru Hill ingrep. "Benny gjorde det rätta genom att vara ärlig," sa hon. "Och tack vare honom slapp jag sätta mig i lim idag."

Benny insåg att även om sanningen ibland kunde vara svår, var den också kraftfull. Han lärde sig att ärlighet var en dygd, men han upptäckte också att det är viktigt att vara vänlig när man talar sanning. Han övade på att hitta mildare sätt att vara ärlig, som att säga till fru Hill, "Jag gillar färgerna i din målning," istället för att jämföra den med senap.

I slutändan hittade Benny en balans. Han förblev sann mot sig själv men lärde sig att ibland handlar det inte bara om att tala sanning—det handlar om att tala sanning med vänlighet.

The Pirate Who Was Afraid of Water

Captain Scallywag was not like other pirates. While most pirates loved the sea, the salty breeze, and the thrill of sailing the open waters, Captain Scallywag had a big secret—he was terrified of water. He loved treasure hunting, sword fighting, and saying "Arrr!" with a deep pirate growl, but when it came to actually getting on a boat, his knees would wobble like jelly.

This made things... complicated for a pirate. His crew didn't know about his fear, so Captain Scallywag always found creative excuses to avoid setting sail. "The sea's too calm today!" he'd shout one day. "Looks like rain! Bad omen!" he'd declare the next. And his crew, though confused, would nod and follow his orders.

But a pirate who avoids the sea isn't much of a pirate. Captain Scallywag's crew started getting suspicious. How could they find treasure without going on the water?

One day, the crew confronted him. "Captain, we haven't been on a proper sea voyage in months. What's going on?"

Captain Scallywag fumbled for words, but before he could come up with another excuse, one of his crew members, First Mate Polly, said, "Captain, are you afraid of the water?"

Captain Scallywag's face turned bright red. He couldn't lie to his loyal crew. With a heavy sigh, he nodded. "Aye, it's true. I,

Captain Scallywag, the fiercest pirate around, am terrified of the sea."

There was a long, awkward silence. Then, the entire crew burst into laughter.

"At least you're brave enough to admit it!" Polly said with a grin.

The crew, rather than mocking their captain, decided to help him. "We'll train you, Captain," Polly said. "We'll make you the bravest pirate to ever sail the seven seas—or at least help you dip your toes in."

The next day, the crew started their landlocked pirate adventures. They practiced treasure hunts on the beach, dug up treasure chests buried in sand, and even had mock sword fights with crabs. Captain Scallywag had a grand time, but he knew that eventually, he would have to face his fear.

One morning, the crew presented Captain Scallywag with a gift: a tiny rowboat floating in a shallow lagoon.

"It's time, Captain," said Polly, nudging him forward. "This is your chance to face your fear."

Captain Scallywag gulped and stared at the boat. His hands shook, but his crew cheered him on. Slowly, he climbed into the boat, gripping the sides so tightly his knuckles turned white.

To his surprise, the water wasn't as terrifying as he thought. The boat rocked gently, and after a while, he started to relax. He even dipped his fingers into the cool water, feeling the soft ripples against his skin.

Polly and the crew stood on the shore, clapping and cheering. "You did it, Captain!"

Captain Scallywag grinned, his chest swelling with pride. "Aye, I did!" he shouted, pumping his fist into the air. "I may still fear the sea, but I won't let that stop me from being a pirate!"

Over time, Captain Scallywag became more comfortable with the water. He learned that being brave didn't mean never being afraid—it meant facing your fears, no matter how scary they seemed. And from that day forward, Captain Scallywag and his crew set sail for real adventures, always ready for the next big treasure hunt on the open seas.

Piraten som var rädd för vatten

Kapten Scallywag var inte som andra pirater. Medan de flesta pirater älskade havet, den salta brisen och spänningen i att segla på öppet vatten, hade kapten Scallywag en stor hemlighet—han var livrädd för vatten. Han älskade att jaga skatter, fäktas och säga "Arrr!" med en djup piratröst, men när det gällde att faktiskt kliva ombord på en båt, darrade hans knän som gelé.

Detta gjorde saker... komplicerade för en pirat. Hans besättning visste inte om hans rädsla, så kapten Scallywag hittade alltid på kreativa ursäkter för att undvika att ge sig ut på sjön. "Havet är för lugnt idag!" ropade han en dag. "Ser ut som regn! Dåligt omen!" utropade han nästa gång. Och hans besättning, även om de var förvirrade, nickade och följde hans order.

Men en pirat som undviker havet är inte mycket till pirat. Kapten Scallywags besättning började bli misstänksam. Hur skulle de kunna hitta skatter utan att ge sig ut på vattnet?

En dag konfronterade besättningen honom. "Kapten, vi har inte varit på en riktig sjöresa på flera månader. Vad pågår?"

Kapten Scallywag stammade fram några ord, men innan han kunde hitta på en ny ursäkt, sa en av hans besättningsmedlemmar, Förste styrman Polly: "Kapten, är du rädd för vatten?"

Kapten Scallywags ansikte blev illrött. Han kunde inte ljuga för sin lojala besättning. Med en tung suck nickade han. "Aye, det är sant. Jag, kapten Scallywag, den mest fruktade piraten, är livrädd för havet."

Det blev en lång, pinsam tystnad. Sedan brast hela besättningen ut i skratt.

"Åtminstone är du modig nog att erkänna det!" sa Polly med ett leende.

Istället för att håna sin kapten bestämde sig besättningen för att hjälpa honom. "Vi ska träna dig, kapten," sa Polly. "Vi ska göra dig till den modigaste piraten som någonsin seglat de sju haven—eller åtminstone hjälpa dig att doppa tårna."

Nästa dag började besättningen sina landbaserade piratäventyr. De övade skattjakter på stranden, grävde upp skattkistor begravda i sanden och hade till och med fejksvärdstrider med krabbor. Kapten Scallywag hade det hur kul som helst, men han visste att han till slut skulle behöva möta sin rädsla.

En morgon presenterade besättningen en gåva till kapten Scallywag: en liten roddbåt som flöt i en grund lagun.

"Det är dags, kapten," sa Polly och puffade honom framåt. "Det här är din chans att möta din rädsla."

Kapten Scallywag svalde hårt och stirrade på båten. Hans händer skakade, men hans besättning hejade på honom. Långsamt klättrade han ombord på båten, och grep tag i sidorna så hårt att knogarna vitnade.

Till sin förvåning var vattnet inte så skrämmande som han trott. Båten gungade försiktigt, och efter en stund började han slappna av. Han doppade till och med fingrarna i det kalla vattnet och kände de mjuka krusningarna mot huden.

Polly och besättningen stod på stranden och applåderade och jublade. "Du klarade det, kapten!"

Kapten Scallywag log, hans bröst fylldes av stolthet. "Aye, det gjorde jag!" ropade han och höjde näven i luften. "Jag är fortfarande rädd för havet, men jag låter det inte stoppa mig från att vara en pirat!"

Med tiden blev kapten Scallywag mer bekväm med vattnet. Han lärde sig att mod inte handlar om att aldrig vara rädd—det handlar om att möta sina rädslor, oavsett hur skrämmande de verkar. Och från den dagen satte kapten Scallywag och hans besättning segel för riktiga äventyr, alltid redo för nästa stora skattjakt på de öppna haven.

The Ice Cream That Came to Life

Freddy loved ice cream more than anything in the world. He loved it so much that he could eat it for breakfast, lunch, and dinner. One sunny afternoon, Freddy decided to visit his favorite ice cream shop and treat himself to a giant cone with three scoops—chocolate, strawberry, and vanilla, topped with rainbow sprinkles.

As Freddy sat down on a park bench, ready to enjoy his delicious treat, something extraordinary happened. His ice cream cone began to wiggle. At first, Freddy thought it was just melting, but then the chocolate scoop blinked, the strawberry scoop sneezed, and the vanilla scoop spoke!

"Hello, Freddy!" said the vanilla scoop cheerfully.

Freddy nearly dropped his cone in shock. "Did you... just talk?"

"Yes, I did!" replied the vanilla scoop with a smile. "We need your help. There's trouble in Ice Cream Land!"

Before Freddy could even ask what Ice Cream Land was, the world around him began to swirl. In the blink of an eye, he found himself standing in a magical world made entirely of ice cream—mountains of whipped cream, rivers of chocolate sauce, and candy sprinkles falling like snow from the sky.

"This is Ice Cream Land!" explained the chocolate scoop. "But we're in danger. An evil flavor called Broccolato is trying to turn all the ice cream into broccoli-flavored mush!"

Freddy couldn't believe his ears. "Broccoli ice cream? That's terrible!"

"We need to stop him!" said the strawberry scoop, bouncing excitedly. "But only a human can defeat Broccolato. That's where you come in, Freddy."

Freddy took a deep breath. "Alright, let's do this! Lead the way!"

The talking ice cream scoops guided Freddy through Ice Cream Land, dodging giant gummy bears and leaping over licorice bridges. They finally arrived at Broccolato's evil lair, a towering castle made of frozen broccoli.

Inside, Broccolato sat on his throne, cackling as he stirred a giant cauldron filled with green, slimy broccoli ice cream. "Soon, all of Ice Cream Land will taste disgusting!" he laughed.

"Not if I can help it!" Freddy shouted, charging toward Broccolato.

With the help of his ice cream friends, Freddy grabbed a spoon and scooped up some chocolate syrup, launching it at Broccolato. The evil flavor slipped and fell into his own cauldron of broccoli mush, splashing green goop everywhere.

"Noooooo!" Broccolato wailed as he melted away, defeated by Freddy's quick thinking and a lot of chocolate syrup.

The entire land cheered. Ice Cream Land was saved!

As a reward for his bravery, the ice cream scoops gave Freddy a crown made of waffle cones. "You're now the hero of Ice Cream Land!" they declared.

Suddenly, the world swirled again, and Freddy found himself back on the park bench with his ice cream cone in hand. The scoops were normal again, but Freddy smiled to himself, knowing that somewhere in a magical land, he had saved ice cream.

Glassen som blev levande

Freddy älskade glass mer än något annat i världen. Han älskade det så mycket att han kunde äta det till frukost, lunch och middag. En solig eftermiddag bestämde sig Freddy för att besöka sin favoritglasskiosk och unna sig en gigantisk strut med tre kulor—choklad, jordgubb och vanilj, toppad med regnbågsströssel.

När Freddy satte sig på en parkbänk, redo att njuta av sin goda glass, hände något alldeles otroligt. Hans glass började att röra sig. Först trodde Freddy att den bara smälte, men sedan blinkade chokladkulan, jordgubbskulan nös, och vaniljkulan pratade!

"Hej, Freddy!" sa vaniljkulan glatt.

Freddy var nära att tappa sin strut i chock. "Sa du... just något?"

"Ja, det gjorde jag!" svarade vaniljkulan med ett leende. "Vi behöver din hjälp. Det är problem i Glasslandet!"

Innan Freddy ens hann fråga vad Glasslandet var, började världen runt honom att snurra. På ett ögonblick stod han i en magisk värld som var helt gjord av glass—berg av vispgrädde, floder av chokladsås, och godisströssel som föll som snö från himlen.

"Det här är Glasslandet!" förklarade chokladkulan. "Men vi är i fara. En ond smak som heter Broccolato försöker förvandla all glass till broccolismakande sörja!"

Freddy kunde inte tro sina öron. "Broccoliglass? Det är fruktansvärt!"

"Vi måste stoppa honom!" sa jordgubbskulan, som hoppade upp och ner av iver. "Men bara en människa kan besegra Broccolato. Det är där du kommer in, Freddy."

Freddy tog ett djupt andetag. "Okej, då kör vi! Visa vägen!"

De talande glasskulorna ledde Freddy genom Glasslandet, där de undvek gigantiska gelénallar och hoppade över lakritsbroar. Till slut kom de fram till Broccolatos onda näste, ett tornande slott gjort av frusen broccoli.

Inne i slottet satt Broccolato på sin tron och skrattade medan han rörde i en gigantisk kittel fylld med grön, slemmig broccoliglass. "Snart kommer hela Glasslandet att smaka äckligt!" skrattade han.

"Inte om jag kan hjälpa det!" ropade Freddy och rusade mot Broccolato.

Med hjälp av sina glassvänner tog Freddy en sked och öste upp lite chokladsås, som han slungade mot Broccolato. Den onde smaken halkade och föll ner i sin egen kittel med broccolisörja, och grön gegga skvätte överallt.

"Neeeeej!" skrek Broccolato när han smälte bort, besegrad av Freddys snabba tänkande och massor av chokladsås.

Hela landet jublade. Glasslandet var räddat!

Som en belöning för sitt mod fick Freddy en krona gjord av våffelstrutar. "Du är nu Glasslandets hjälte!" utropade de.

Plötsligt snurrade världen igen, och Freddy befann sig tillbaka på parkbänken med sin glassstrut i handen. Kulorna var normala igen, men Freddy log för sig själv, med vetskapen om att han någonstans i en magisk värld hade räddat glassen.

The Girl Who Hated Vegetables

E mma hated vegetables. She hated broccoli, spinach, carrots—anything green or crunchy. Every time her mom served vegetables, Emma would scrunch up her face and push them around her plate. "Why do I have to eat these gross things?" she complained.

One evening, after yet another battle over dinner, Emma was sent to her room. As she sat on her bed, sulking, she heard a strange voice.

"Psst! Hey, you!" the voice whispered.

Emma looked around, confused. "Who said that?"

"Down here!" The voice came from her plate of leftover dinner, and to her astonishment, the carrot on her plate was... alive!

"My name's Carl," said the carrot, hopping onto her desk. "And I'm here to change your mind about veggies!"

Emma blinked, unable to believe her eyes. "A talking carrot? This can't be real."

"Oh, it's real, alright!" Carl replied with a chuckle. "Let's take a little trip to Veggie World. I think you'll find it very interesting."

Before Emma could say anything, Carl grabbed her hand, and in the blink of an eye, they were whisked away. They landed in a colorful world where all the trees were broccoli, the rivers were made of tomato soup, and giant cucumbers walked around like people.

"Welcome to Veggie World!" Carl said proudly. "Here, veggies are the stars of the show."

Emma was amazed. Everything looked so vibrant and fun. But she still wasn't convinced. "It looks cool, but I still don't like vegetables," she said, crossing her arms.

Carl smiled mischievously. "You just haven't tried them the right way yet. Come on!"

He led Emma to a giant rollercoaster made entirely of spaghetti squash. "Hop on!" Carl said. "This will be the ride of your life!"

As they zoomed through loops and turns, Emma couldn't help but laugh. At the end of the ride, Carl handed her a smoothie made from spinach, apples, and bananas. "Try it. You might be surprised."

Emma hesitated but took a sip. "Hey, this is actually really good!" she exclaimed.

"That's the thing about vegetables," Carl said with a wink. "They can be delicious when you give them a chance!"

Next, they visited the Veggie Olympics, where Emma watched celery sticks pole-vaulting, and potatoes racing in the 100-meter dash. She laughed so hard, she forgot all about her dislike for veggies.

By the end of their adventure, Emma had tasted roasted carrots, crunchy cucumber slices, and even some baked sweet potato fries. To her surprise, she liked all of them!

"I guess veggies aren't so bad after all," Emma admitted.

Carl grinned. "See? Eating vegetables can be fun and healthy! Now, whenever you see them on your plate, just think of our adventure here."

In a flash, Emma was back in her bedroom, sitting at her desk. Her plate of dinner was still there, but now, she looked at the vegetables with a smile. She picked up a carrot and took a bite.

"Thanks, Carl," she whispered.

Flickan som hatade grönsaker

Emma hatade grönsaker. Hon hatade broccoli, spenat, morötter—allt som var grönt eller knaprigt. Varje gång hennes mamma serverade grönsaker, rynkade Emma på näsan och puttade runt dem på tallriken. "Varför måste jag äta de här äckliga sakerna?" klagade hon.

En kväll, efter ännu en strid vid middagsbordet, blev Emma skickad till sitt rum. Medan hon satt på sin säng och surade, hörde hon en konstig röst.

"Psst! Hej, du!" viskade rösten.

Emma tittade sig omkring, förvirrad. "Vem sa det?"

"Här nere!" Rösten kom från hennes tallrik med överbliven middag, och till hennes förvåning var moroten på tallriken... levande!

"Mitt namn är Carl," sa moroten, och hoppade upp på hennes skrivbord. "Och jag är här för att ändra din syn på grönsaker!"

Emma blinkade och kunde knappt tro sina ögon. "En talande morot? Det kan inte vara sant."

"Jo då, det är helt sant!" svarade Carl med ett skratt. "Låt oss ta en liten tur till Grönsakslandet. Jag tror du kommer att hitta det väldigt intressant."

Innan Emma hann säga något, tog Carl hennes hand, och på ett ögonblick fördes de iväg. De landade i en färgglad värld där alla träd var broccoli, floderna var gjorda av tomatsoppa, och enorma gurkor gick runt som människor.

"Välkommen till Grönsakslandet!" sa Carl stolt. "Här är grönsakerna stjärnorna."

Emma var förbluffad. Allt såg så levande och roligt ut. Men hon var fortfarande inte övertygad. "Det ser coolt ut, men jag gillar fortfarande inte grönsaker," sa hon och korsade armarna.

Carl log finurligt. "Du har bara inte provat dem på rätt sätt än. Kom nu!"

Han ledde Emma till en gigantisk berg-och-dalbana gjord helt av spaghetti-squash. "Hoppa på!" sa Carl. "Det här blir ditt livs åktur!"

När de susade genom loopar och svängar kunde Emma inte låta bli att skratta. Vid slutet av åkturen gav Carl henne en smoothie gjord på spenat, äpplen och bananer. "Smaka. Du kanske blir förvånad."

Emma tvekade men tog en klunk. "Hej, det här är faktiskt riktigt gott!" utbrast hon.

"Det är grejen med grönsaker," sa Carl med en blinkning. "De kan vara jättegoda om du ger dem en chans!"

Nästa stopp var Grönsaks-OS, där Emma såg selleristavar hoppa stavhopp och potatisar springa 100 meter. Hon skrattade så mycket att hon glömde bort sin avsky för grönsaker.

I slutet av deras äventyr hade Emma smakat på rostade morötter, krispiga gurkskivor och till och med bakade sötpotatispommes. Till sin förvåning tyckte hon om alltihop!

"Jag antar att grönsaker inte är så hemska trots allt," erkände Emma.

Carl log stort. "Ser du? Att äta grönsaker kan vara både roligt och nyttigt! Nästa gång du ser dem på din tallrik, tänk bara på vårt äventyr här."

På ett ögonblick var Emma tillbaka i sitt sovrum, sittande vid sitt skrivbord. Hennes middagstallrik var fortfarande där, men nu log hon när hon tittade på grönsakerna. Hon tog upp en morot och tog en tugga.

"Tack, Carl," viskade hon.

The Elephant Who Couldn't Stop Sneezing

Elly the elephant had a peculiar problem. She couldn't stop sneezing! It all started one bright morning at the zoo. Elly was munching on her breakfast of bananas and grass when she felt a tickle in her big trunk.

"Achoo!" she sneezed, sending a nearby pile of hay flying into the air. The other animals looked at her in surprise, but Elly just wiggled her trunk and went back to eating.

But the sneezing didn't stop.

"Achoo! Achoo! ACHOO!" Elly's sneezes were so loud and powerful that they shook the entire zoo. Visitors were blown back, and animals were tumbling out of their enclosures. The zookeepers tried to help, but every time they got close, Elly would let out another massive sneeze, sending them flying too!

At first, the sneezing was funny. The penguins slid across the ice on their bellies, the monkeys swung from tree to tree faster than ever, and the giraffes had their hats blown right off their heads. But soon, it became a real problem. The sneezes were so strong that Elly was causing too much chaos. The zoo was in disarray, and the visitors didn't know what to do.

"We've got to find a way to stop these sneezes!" the head zookeeper exclaimed.

They tried everything. They gave Elly warm water, made her sniff flowers, even tickled her ears, but nothing worked. Her sneezing was out of control!

Then one day, dark clouds gathered over the zoo, and it started to rain. The rain grew heavier and heavier until the zoo was flooded with water. The animals were in danger, and the visitors ran for shelter. The zookeepers were helpless.

But Elly had an idea.

She took a deep breath and—ACHOO! With one giant sneeze, she blew the rainwater right out of the zoo and into the nearby river. The zoo was saved!

Everyone cheered for Elly. Her sneezes, which had caused so much trouble, turned out to be her special gift.

From that day on, whenever there was a problem at the zoo, Elly would wiggle her trunk and give a little sneeze. And everyone knew they could count on Elly, the elephant who couldn't stop sneezing.

Elefanten som inte kunde sluta nysa

Elly, elefanten, hade ett märkligt problem. Hon kunde inte sluta nysa! Det började en solig morgon på djurparken. Elly satt och åt sin frukost av bananer och gräs när hon kände en kittling i sin stora snabel.

"Atchoo!" nös hon, och en hög med hö flög upp i luften. De andra djuren tittade förvånat på henne, men Elly viftade bara med snabeln och fortsatte äta.

Men nysningarna slutade inte.

"Atchoo! Atchoo! ATCHOO!" Ellys nysningar var så höga och kraftfulla att hela djurparken skakade. Besökare blåstes omkull och djuren ramlade ut ur sina inhägnader. Djurvårdarna försökte hjälpa till, men varje gång de kom nära, lät Elly ut ännu en enorm nysning och skickade dem flygande!

Till en början var nysningarna roliga. Pingvinerna åkte på sina magar över isen, aporna svingade sig från träd till träd snabbare än någonsin, och girafferna fick sina hattar bortblåsta från huvudet. Men snart blev det ett riktigt problem. Nysningarna var så starka att Elly orsakade alltför mycket kaos. Djurparken var i oordning, och besökarna visste inte vad de skulle göra.

"Vi måste hitta ett sätt att stoppa dessa nysningar!" utbrast chefen för djurparken.

De försökte allt. De gav Elly varmt vatten, lät henne lukta på blommor, till och med kittlade henne i öronen, men inget fungerade. Hennes nysningar var helt utom kontroll!

En dag samlades mörka moln över djurparken, och det började regna. Regnet blev kraftigare och kraftigare tills hela djurparken var översvämmad med vatten. Djuren var i fara, och besökarna sprang till skydd. Djurvårdarna var hjälplösa.

Men Elly fick en idé.

Hon tog ett djupt andetag och—ATCHOO! Med en jättesnysning blåste hon bort allt regnvatten från djurparken och ut i den närliggande floden. Djurparken var räddad!

Alla jublade för Elly. Hennes nysningar, som hade orsakat så mycket problem, visade sig vara hennes speciella gåva.

Från den dagen, när det uppstod problem i djurparken, viftade Elly med sin snabel och gav ifrån sig en liten nysning. Och alla visste att de kunde lita på Elly, elefanten som inte kunde sluta nysa.

The Giant Who Was Afraid of Small Things

Grog the giant was unlike any other giant you could imagine. While most giants were big and brave, Grog had a peculiar problem—he was terrified of tiny creatures! Ants, mice, and even butterflies made him shiver in fear.

Every time he saw a tiny ant marching along, he would hide behind the nearest tree. If a mouse scurried by, he would jump up on a rock, waving his arms and shouting, "Go away, little creature!" And when a butterfly fluttered too close, Grog would let out a loud scream and run away as fast as his giant legs could carry him.

Grog's fear made life quite difficult. He lived in a cozy cave on a hill, but every time he wanted to go outside, he had to gather all his courage. One day, as Grog was about to leave his cave, he noticed something strange. A tiny mouse had made a cozy home in one of his big, floppy shoes!

"Oh no! A mouse!" Grog shouted, backing away. He didn't know what to do. The mouse looked up at him, its little nose twitching curiously. Instead of running away, the mouse squeaked, "Hello! My name is Mimi. I just moved in. Is it okay?"

Grog was taken aback. He had never talked to a mouse before. "Um, yes, I suppose it's okay, but you have to stay away from me!" he said nervously.

Mimi giggled. "Why are you afraid of me? I'm just small and friendly!"

Grog didn't have an answer. Slowly, he began to realize that Mimi wasn't scary at all. In fact, she was quite funny! She told him stories about her adventures, how she explored the garden and made friends with other little creatures.

As the days went by, Grog and Mimi became good friends. She would sit on his shoulder and tell him about her day while he carefully walked around to avoid stepping on anything small. Grog learned to appreciate the little things in life, and his fear began to fade.

One sunny afternoon, while they were playing, Grog heard a loud rumbling sound. "Oh no! What is that?" he exclaimed. Mimi looked worried. "It sounds like a storm is coming! We need to find shelter!"

Grog quickly scooped up Mimi and dashed into his cave. But then he remembered the tiny creatures outside. "What about the ants and the butterflies? They might be scared!" he said.

With newfound courage, Grog took a deep breath and said, "Let's help them!" He and Mimi rushed outside, where they saw ants struggling in the wind and butterflies getting tossed around.

Grog knelt down and gently lifted the little creatures onto his big hand, shielding them from the storm. "Don't worry, little friends! I'll keep you safe!" he reassured them.

After the storm passed, Grog looked at the tiny creatures around him and felt a warm glow in his heart. He realized that being big didn't mean being strong, and being small didn't mean being weak. They were all important in their own way.

From that day on, Grog was no longer afraid of small things. He learned that small creatures could have big hearts, and the best friendships can come in the smallest packages.

Jätten som var rädd för små saker

G rog, jätten, var olik alla andra jätter du kan föreställa dig. Medan de flesta jätter var stora och modiga, hade Grog ett märkligt problem—han var rädd för små varelser! Myror, möss och till och med fjärilar fick honom att rysa av skräck.

Varje gång han såg en liten myra som marscherade förbi, gömde han sig bakom det närmaste trädet. Om en mus skuttade förbi, hoppade han upp på en sten och viftade med armarna och ropade: "Gå bort, liten varelse!" Och när en fjäril fladdrade för nära, gav Grog ifrån sig ett högt skrik och sprang bort så snabbt hans stora ben kunde bära honom.

Grog's rädsla gjorde livet ganska svårt. Han bodde i en mysig grotta på en kulle, men varje gång han ville gå ut var han tvungen att samla all sitt mod. En dag, när Grog var på väg att lämna sin grotta, märkte han något konstigt. En liten mus hade gjort ett mysigt hem i en av hans stora, mjuka skor!

"Åh nej! En mus!" ropade Grog och backade undan. Han visste inte vad han skulle göra. Musen tittade upp på honom med sin lilla nos som kittlade nyfiket. Istället för att springa bort, kvittrade musen: "Hej! Jag heter Mimi. Jag har just flyttat in. Är det okej?"

Grog blev förvånad. Han hade aldrig pratat med en mus tidigare. "Um, ja, jag antar att det är okej, men du måste hålla dig borta från mig!" sa han nervöst.

Mimi fnissade. "Varför är du rädd för mig? Jag är bara liten och vänlig!"

Grog hade inget svar. Sakta började han inse att Mimi inte var skrämmande alls. Faktum är att hon var ganska rolig! Hon berättade för honom om sina äventyr, hur hon utforskade trädgården och blev vän med andra små varelser.

Allteftersom dagarna gick blev Grog och Mimi goda vänner. Hon satt på hans axel och berättade om sin dag medan han försiktigt gick runt för att undvika att trampa på något litet. Grog lärde sig att uppskatta de små sakerna i livet, och hans rädsla började blekna.

En solig eftermiddag, medan de lekte, hörde Grog ett högt muller. "Åh nej! Vad är det?" utropade han. Mimi såg orolig ut. "Det låter som en storm! Vi måste hitta skydd!"

Grog tog snabbt upp Mimi och rusade in i sin grotta. Men sedan kom han att tänka på de små varelserna utanför. "Vad händer med myrorna och fjärilarna? De kanske är rädda!" sa han.

Med nyfunnen mod tog Grog ett djupt andetag och sa: "Låt oss hjälpa dem!" Han och Mimi rusade ut, där de såg myror som kämpade mot vinden och fjärilar som kastades runt.

Grog knäböjde och lyfte varsamt upp de små varelserna på sin stora hand, och skyddade dem från stormen. "Oroa er inte, små vänner! Jag kommer att hålla er säkra!" försäkrade han dem.

Efter att stormen hade passerat, såg Grog på de små varelserna runtomkring sig och kände en varm känsla i sitt hjärta. Han insåg att det inte handlar om att vara stor för att vara stark, och att vara liten inte innebär att vara svag. De var alla viktiga på sitt sätt.

Från den dagen var Grog inte längre rädd för små saker. Han lärde sig att små varelser kan ha stora hjärtan, och de bästa vänskaperna kan komma i de minsta paketen.

www.ingramcontent.com/pod-product-compliance
Lightning Source LLC
Chambersburg PA
CBHW061637130726
47996CB00003B/1329